Dimetrodon

Apatosaurus

Procompsognathus

Pterodactyl

Ankylosaurus

Goyocephale

Isanosaurus   Ceratosaurus

Velociraptor   Iguanodon

Diplodocus

Vulcanodon

Brachiosaurus

Stegosaurus

Amargasaurus

Antarctosaurus

omeisaurus

Triceratops

coelophysis

ornitholestes

Muttaburrasaurus   Tyrannosaurus Rex

Pachycephalosaurus   Parasaurolophus

Troodon

Corythosaurus

Elaphrosaurus

Hoplitosaurus

Kotasaurus

Labocania

Baryonyx

carnotaurus

Chasmosaurus

Microraptor

Erectopus　　　Garudimimus

Indosaurus   Ingenia

Malawisaurus

Mongolosaurus

Nemegtosaurus

Nipponosaurus

DeinonyChus

Gallimimus

ouranosaurus

Liopleurodon

Jaxartosaurus   Lambeosaurus

Laplatasaurus

Lukousaurus

Neuquensaurus

orodromeus

Patagosaurus

Supersaurus

Protoceratops

Psittacosaurus

Spinosaurus

Archaeopteryx

Tarbosaurus

Mononykus

Lophostropheus

Sarcolestes

Titanosaurus

Quetzalcoatlus

Peteinosaurus

Mussaurus

Kentrosaurus

Bagaceratops

conchoraptor

Allosaurus

Stokesosaurus

Syntarsus

Wannanosaurus

Xiaosaurus

Rebbachisaurus

Megalosaurus

Maiasaura

oviraptor

Datousaurus

Gryposaurus

Avisaurus

Basilosaurus

Zephyrosaurus

Rahonavis

Rhamphorhynchus　　Dilophosaurus

Stenopelix

Baby Dinosaur

Estemmenosuchus

Ammosaurus

Yinlong

Antarctopelta

Archaeoceratops

Isisaurus

Sinocalliopteryx

Staurikosaurus

Stegoceras

Dracorex

Hypsilophodon

Harpymimus

Mavisaurus